AU PRÉSIDENT

ÉTRENNES POLITIQUES

PAR

ALEXANDRE WEILL.

Prix : 1 franc.

PARIS,

CHEZ DENTU, PALAIS NATIONAL,

A LA LIBRAIRIE,

passage du Grand-Cerf (sous l'horloge).

Et chez tous les Libraires de France et de l'étranger.

1848.

AU
PRÉSIDENT.

ÉTRENNES POLITIQUES.

Paris. — Imp. de J.-B. Gros, rue du Foin-St-Jacques, 18.

AU

PRÉSIDENT.

❧❧❧

ÉTRENNES POLITIQUES.

PAR

ALEXANDRE WEILL.

❧❧❧

PARIS,

CHEZ DENTU, PALAIS NATIONAL;

A LA LIBRAIRIE,

passage du Grand-Cerf (sous l'horloge),

Et chez tous les Libraires de France et de l'étranger.

1849.

1848

LA RÉVOLUTION DE FÉVRIER

EST

LA FIN DES MINORITÉS

N'importe dans quel pays et dans quel temps,
l'homme, le citoyen doit respect et soumission aux
autorités légales, dépositaires de la loi.

L'excitation à l'insurrection, à plus forte raison l'insurrection même, n'est jamais permise, car

jamais violence n'a produit le bien. Le mal réussi n'en est pas moins un mal. Toute violence est un crime, èt tout crime est une faute politique.

Des esprits faux glorifient la nécessité des révolutions. Autant vaut admettre la nécessité de la peste pour se débarrasser du trop plein de la population. Elle ne sert qu'aux mauvais médecins et aux croquemorts. La révolution la plus légitime n'est encore qu'un mal contre un autre mal.

Elle arrive, quand dans un pays l'intelligence, la raison et la vertu sont exclues du gouvernement, quand la société est déjà renversée dans l'ordre moral, en ce sens, que les médiocrités ambitieuses sont en haut, et le génie et l'esprit en bas de l'échelle gouvernementale ; partout enfin où l'esprit de parti rampant, violent et dépendant l'emporte sur la vérité, le caractère et la sincérité. Dans ce cas, le pays tombe d'une fièvre putride dans une fièvre chaude. On guérit quelquefois de ce dernier mal ; pour le premier il n'y a pas de remède.

C'est une erreur de croire que les gouvernements et les corps politiques tombent uniquement parce qu'ils sont attaqués par des hommes d'une haute intelligence. On oublie que toute la force de l'ennemi qui les renverse est dans leur propre faiblesse.

Un gouvernement, quel qu'il soit, ne peut durer qu'à condition qu'il écoute et absorbe en lui tous les hommes éminents du pays.

Je défie tous les historiens de me trouver une seule révolution, qui n'eût pu être évitée facilement par ceux-là mêmes qui l'ont préparée, si le gouvernement avait voulu se servir de leurs idées. Par contre, il est facile de prouver que tous les gouvernements qui ont fait de grandes et de belles choses, n'ont duré que parce qu'ils ont su s'adjoindre et se concilier tous les grands talents , tous les nobles caractères sans exception , se servant d'eux de bouclier et de glaive à la fois.

C'est le génie qui gouverne le monde, qu'il s'asseoie sur un trône, où qu'il vive misérablement dans une mansarde. Car le génie ne ment pas. On n'a de l'esprit et du talent qu'en restant dans le vrai. Le génie ne demande rien , il donne. Vous écoutez ses conseils ; en échange, il vous donne et vous assure le pouvoir.

Le génie ne flatte pas, car il ne voit la lumière qu'à côté de l'ombre.

Le gouvernement qui écoute la voix du talent honnête et vrai, est d'avance un gouvernement de paix et de progrès, et ne sera jamais renversé. Là, au contraire, où l'impertinence tient lieu de courage, où la fatuité remplace le talent, où la médiocrité domine la capacité; là, en un mot, où la quantité se met avec ses votes au-dessus de la qualité, les révolutions surgissent subitement par centaines, pour se fondre avec tous leurs maux sur les malheureux citoyens qui, pour n'avoir pas su parler, sont forcés, après coup, de crier, mais en vain. Il arrive alors un moment où le passant, l'historien, le philosophe ne se donne plus la peine de compter ces révolutions pour en énumérer les causes. On ne compte pas les vers qui grouillent dans un cadavre. Un pays gouverné par des principes révolutionnaires, est un pays perdu.

On a dit que le peuple français est un peuple ingouvernable, parce qu'il a l'esprit d'opposition. C'est faux. D'ordinaire les nations les plus résignées, les plus couardes de vérités et de paroles sont les plus exposées à des révolutions.

Le Français d'ordinaire ou se tait ou crie, mais il ne parle pas.

Or, s'il est du devoir de tous de se soumettre aux autorités de leur pays, il est du droit de chacun de leur dire des vérités, de leur signaler les dangers, et finalement de contribuer à les changer pacifiquement par des voies légales, avant qu'elles ne s'écroulent par une chute violente emportant avec elles l'édifice gouvernemental.

Une parole vraie dite à propos est souvent la soupape de sûreté qui sauve la machine et l'empêche d'éclater. Toute idée, si désagréable et audacieuse qu'elle soit, pourvu qu'elle n'excite pas directement à la violence, doit pouvoir se manifester librement.

Là où il y a des volcans, il n'y a point de tremblements de terre.

Si la révolution de février a eu lieu d'une manière si inattendue, c'est que le gouvernement de juillet a préféré des partisans à des amis, des flatteurs à des adversaires, des orateurs enfin à des caractères ; c'est d'autre part que la bourgeoisie, endormie dans l'indolence, a ronflé au lieu de parler. Quand elle s'est éveillée, il n'y avait plus de gouvernement.

Si depuis février beaucoup de maux ont été épargnés à la France, car la révolution comme gouvernement est incapable du bien, c'est que depuis cette époque il s'est trouvé des hommes courageux et forts qui ont parlé et qui ont dit la vérité au risque de leur vie. Ce ne sont certes pas les flatteurs de Louis-Philippe qui ont sauvé la France de la terreur et de la spoliation. Mais, la bourgeoisie n'a pas encore compris le vrai sens de la révolution de février, véritable révolution homœopathique, contre-révolution s'il en fut, *attendu que faite par une immense minorité elle a été forcée de décréter le suffrage universel, qui est la loi de la majorité.*

Ici je dois faire un aveu. Moi aussi j'étais révolutionnaire dans la première fougue de ma jeunesse inexpérimentée. Comme les jeunes personnes qui, prenant un exemple sur des héroïnes de romans, courent droit à leur perte, souvent à une mort prématurée, je n'ai connu les révolutions que par les livres de parti. La première que j'ai vue, en chair et en os, a été pour moi un coup de foudre suivi d'un éclair. J'ai sympathisé avec les républicains de la veille quand ils étaient poursuivis, parce que leur principe démocratique était et sera toujours nécessaire, comme contrepoids à l'omnipotence monarchique, mais dès le lendemain de leur victoire violente je les ai quittés, voyant qu'avec une révolution faite et exploitée par une minorité, la France arriverait forcément non à l'organisation sociale, mais à l'anarchie et au despotisme. J'ai préféré la France à mes intérêts et à mes amis victorieux. Je la préférerai toujours à toutes les combinaisons de parti, à ma vie, s'il le faut. Fidèle à la liberté, je tends vers l'ordre ; mais je suis arrivé à la conviction que l'ordre ne s'improvise pas, que c'est un principe sacré et primitif, qui ne doit jamais être violé. Une fois l'ordre établi sur des principes inébranlables, soutenus par des hommes de caractère et d'honnêteté, l'on peut et l'on doit marcher vers le progrès et la liberté.

Pour marcher, il faut être debout.

Or, un gouvernement révolutionnaire, si fort qu'il paraisse, n'est jamais debout. Il rampe dans la boue, glisse dans le sang ou marche sur des échasses.

Pour avoir une raison d'être, la révolution de Février a été forcée, bon gré mal gré, de décréter le suffrage universel, qui, sincèrement exercé, sera de plus en plus une protestation de la majorité des provinces contre la minorité de Paris, gouvernant depuis cinquante ans la France contrairement à ses mœurs et à son génie. Dans son origine la révolution de Février n'était qu'une négation de la révolution de Juillet, un mal emportant un autre mal ; un incendie qui éveillant les habitants par les éclats de flamme, les empêche d'être étouffés par la fumée.

Depuis ce temps, la révolution a fait des pas de géant et comme au Juif errant, le destin lui crie toujours : marche ! marche ! Et elle marche, non vers la dissolution et l'anarchie, mais vers l'ordre et l'organisation. Une fois arrivée au but, elle profitera de toutes ses expériences pour discerner le bien du mal, le faux du vrai, la vérité de l'erreur. Bien des réformes, bien des mesures d'organisation impossibles de mettre en exécution aujourd'hui, seront réalisées plus tard, quand la révolution se sera assise sur le roc immuable de l'ordre et de la légalité. Tel mets tue un malade qui, sert de nourriture substantielle à l'homme sain. La révolution ou plutôt la contre-révolution de Février, loin d'être arrivée, ne fait encore que voyager. Aveugle est celui qui ne le voit pas ; malheur à celui qui voudrait l'arrêter. Comme la femme de Loth, il sera pétrifié, privé de force et de mouvement.

A la tête de cette marche *forcée*, était l'Assemblée nationale. En effet, jusqu'à présent, elle n'a pas marché, elle a été poussée. La locomotive était derrière, non devant elle. Mais dès aujourd'hui elle ne marche plus, ou plutôt, arrivée dans l'embarcadère de la constitution, cette même locomotive, fumant, ronflant, sifflant, avance, recule, tournoie, sans rendre aucun service et barrant la place à une autre plus vivace, plus chauffée et qui profiterait de la voie toute tracée.

Or, il est temps que cela finisse. C'est un devoir sacré de lui signaler les dangers qui la menacent. L'Assemblée a rendu des services. Soit, mais elle a fait son temps. Dix mois de révolution vieillissent une assemblée plus que dix années de calme et de repos.

L'Assemblée élue de février ne répond plus aux besoins du pays de décembre. Le pays marche, l'Assemblée s'arrête, le pays se rajeunit, l'Assemblée vieillit; le pays s'agite, l'Assemblée s'use; le pays, enfin, est plein de vie et d'avenir, l'Assemblée se meurt.

Qu'elle meure donc, et vive l'Assemblée nationale!

L'ASSEMBLÉE NATIONALE

A FAIT PEU DE BIEN ;

MAIS ELLE A EMPÉCHÉ BEAUCOUP DE MAL.

Toute assemblée est une collection de zéros et
de chiffres plus ou moins prononcés. Si les zéros
se rangent derrière les chiffres, ils font nombre et
ont une valeur réelle. Si, au contraire, ils usurpent sur les chiffres pour se mettre à leur tête,
non-seulement ils les annihilent, mais encore ils
se suicident eux-mêmes

En d'autres termes, toute assemblée qui suit l'impulsion du talent et de la raison, qui se met à la suite d'hommes d'État forts et instruits, produit le bien. Celle, au contraire, qui se divise en partis et cherche sa force dans la quantité plutôt que dans la qualité, est perdue.

Il en est des corps politiques comme des gouvernements. Ils ne sont jamais renversés. Ils tombent toujours par leur propre nullité.

C'est une justice à rendre à l'Assemblée nationale. Si elle n'a pu faire que peu de bien, elle a empêché beaucoup de mal.

Élue sous l'action de la minorité et la réaction de la majorité, l'Assemblée n'était unie que contre les partis du faux socialisme. Tout ce qu'elle a fait dans ce sens est frappé au coin de l'homogénéité. La qualité et la quantité se donnent la main, les zéros grossissent les chiffres, les intérêts de parti disparaissent devant le salut commun.

Il n'en est plus de même dès qu'il s'agit de projets d'organisation républicaine, à commencer par la Constitution, son chef-d'œuvre en fait de contradictions entre la conviction et le vote, entre l'intrigue et la justice, entre la logique et la raison politique.

Dès son origine, l'Assemblée a manqué de franchise, sinon de courage. Elle a débuté par la proclamation de la République dans la rue. Or, un représentant du peuple légal, un législateur sacré ne doit avoir d'autre autel, d'autre chaire politique que la tribune. On ne fait point de loi dans la voie publique ; on n'acclame pas une forme de gouvernement, pas même la République, en face de quinze cents gamins qui usurpent le titre sacré du peuple. La France n'avait pas envoyé ses représentants pour être aux ordres du général Courtais et du sieur Blanqui. Un représentant du peuple, convaincu de la sainteté de sa mission, ne descend dans la rue, à l'appel du peuple illégal, que traîné et la corde au cou.

Je passe condamnation sur les différentes acclamations et votes de confiance de l'Assemblée. Dieu seul, qui pénètre jusque dans les profonds replis de la pensée, les jugera en dernier ressort. Il n'est pas donné à l'homme faillible de juger la conscience de ses concitoyens.

Mais ce qu'en toute justice on peut exiger d'une assemblée politique, c'est qu'elle soit sincère jusque dans ses erreurs ; qu'elle ne cache ni ses opinions ni ses vœux, qu'enfin elle soit logique et conséquente. La devise d'un vrai représentant doit être :

Dieu et mon devoir. Advienne que pourra !

Or, au nom de cette devise, voici la question que l'Assemblée aurait dû se poser le lendemain de son élection. La nation que nous représentons, est-elle monarchique ou républicaine ? A en juger par le choix des appelés, le doute était permis, même en face des plus farouches démocrates. Il y avait autant de monarchistes que de républicains. Il fallait donc, avant d'ébaucher la constitution, s'adresser directement à la nation pour savoir si elle voulait un pouvoir héréditaire ou un pouvoir électif, et faire une constitution grande et logique, soit entièrement républicaine, soit entièrement monarchique.

La France, dira-t-on, s'est prononcée par ses mandataires qui ont acclamé la République.

Hélas, il paraît que non. Puisque ces mandataires ont décrété un président par le suffrage universel, qui n'est autre qu'un roi constitutionnel pour quatre ans, sauf toutefois une nouvelle élection au bout de ces quatre ans, ce qui est un mal de plus.

Alors l'assemblée est monarchique. Non. Puisqu'elle n'a admis qu'une chambre, au lieu de deux.

En effet, la constitution n'est ni républicaine ni monarchique, ni chair ni poisson. Un pouvoir royal mis à côté d'un pouvoir national sans juge ni arbitre. Deux machines gouvernementales qui se traînent et se heurtent sans conducteur ni tampon ; deux extrêmes sans milieu ; une quinte sans tierce ; un père et fils sans saint-esprit.

J'ai déjà cité un mot de Lessing qui s'adapte merveilleusement à cette constitution. Je le répète : « Il y a dans cette œuvre du vrai et du nouveau. Seulement le nouveau n'est pas vrai, et le vrai n'est pas nouveau. »

L'Assemblée pouvait-elle en faire une autre plus logique et plus rationnelle?

Non. Dès son point de départ elle était frappée d'impuissance.

Tous ses votes sont jetés avec des mains gantées, toutes ses paroles sont des ombres de pensée. Les républicains modérés, se trouvant entre deux feux, sont forcés de rester dos à dos dans une position expectante. La Montagne n'accouche que de souris. Quant à la droite et à la rue de Poitiers, ils laissent la presse tirer les marrons du feu, sauf à la renier au premier chant du coq républicain.

Aussi toutes ses œuvres n'ayant aucun sexe politique prononcé, resteront-elles stériles.

Cela n'empêche pas l'Assemblée de développer beaucoup de talent, et de dire de fort belles choses. On connaît ces chanteurs italiens qui font tant de plaisir. Ils n'ont la voix si haute et si agréable, que parce qu'ils sont impuissants.

Tout les lois d'organisation auxquelles l'Assemblée a touché, portent ce cachet bissexuel. Elle n'est entière et elle-même que lorsqu'il s'agit de résister à des violences morales et physiques. Forte de conviction, puissante de volonté, elle est alors admirable, soit dans sa résistance passive, soit dans son initiative d'activité contre l'anarchie et l'usurpation.

Or, cette mission d'unité négative est accomplie et parachevée.

L'Assemblée ne paraît pas avoir cette conviction. Elle croit sincèrement devoir établir la République par le vote des lois organiques. Elle se trompe. Non-seulement ces lois organiques, grâce à la division de l'Assemblée, ne seraient pas plus républicaines que la Constitution, mais encore la France n'est plus dans la même situation équivoque qu'après février. La France a marché, l'Assemblée est restée stationnaire. La France a parlé, par le vote du 10 décembre, l'Assemblée paraît n'avoir rien entendu.

Qui n'entendra pas, sentira, a dit Isaïe.

Il y a plus. Dans un pays de suffrage universel, les dernières élections sont toujours les plus près de l'opinion publique militante. C'est là même un des avantages du système électif. C'est un chemin qui marche. Les dernières élections donc annihilent presque toujours celles qui les ont précédées de quelques mois. Aussi, dans ce moment, l'Assemblée a-t-elle perdu son ascendant moral. Le président est le héros du moment. Une lutte contre lui tournerait probablement en sa faveur. Pour neutraliser sa prépotence il n'y a qu'un moyen;

c'est d'être plus jeune que lui, c'est de venir deux mois après lui.

Aux derniers les bons !

Jusqu'à présent l'Assemblée a vaincu et empêché la guerre civile, non-seulement parce qu'elle était *unie*, mais aussi parce qu'elle était *unique*. Cette position a changé du tout au tout. Par l'élection du président un second pouvoir a été créé, sinon au-dessus, du moins à côté d'elle. Dès que la division se mettra entre le magistrat supérieur de la République et l'Assemblée, le germe de la guerre civile sera déposé entre les deux pouvoirs, et de là elle descendra bien vite dans les rues. La France veut-elle s'exposer à ce danger ? Libre à elle. Qu'elle sache du moins que le lendemain de la victoire, le vainqueur, quel qu'il soit, sera forcément le despote de la nation.

Il n'en sera pas de même avec une nouvelle assemblée.

De deux choses l'une : ou la future assemblée sera dans le sens du vote de la présidence ; dans ce cas elle marquera le pas au président qui la suivra de bon gré ; ou bien elle sera dans le sens contraire, alors elle servira de contrepoids, fort et légal, à des craintes réactionnaires, mal fondées peut-être, mais qui peuvent exister.

En tout cas, tout calcul, tout intérêt de parti doit disparaître devant le salut du pays. Il faut savoir enfin ce que veut, ce qu'est la France. Il faut sortir du vague et du provisoire, et arriver à un résultat ferme et prononcé.

Si dans les yeux des républicains c'est un mal, je leur dirai qu'un mal connu est moins dangereux que le doute, car dans ce cas on a recours aux remèdes sûrs.

L'Assemblée aurait-elle peur de la volonté de la France? Je ne lui ferai pas cette injure. Cette peur même serait sa défaite. Plus elle tardera à consulter la France, plus elle peut s'attendre à une réponse catégorique.

Elle a beau se dire : mais à quoi bon une nouvelle assemblée? Elle ne sera ni plus patriotique, ni plus intelligente, ni moins bruyante que nous. Soit. Mais elle sera plus homogène, plus unie, plus compacte, plus jeune, plus puissante surtout. Salomon a déjà dit : un chien vivant vaut mieux qu'un lion mort.

On connaît le cheval de Roland qui était beau, mais sans vie. Eh bien, supposez même que ce cheval hennisse et regimbe sans pouvoir marcher. En vaudrait-il davantage?

Or, l'Assemblée est dans ce cas. Elle parle, elle vote, mais elle ne peut plus marcher. Elle est paralysée, elle a été frappée d'une extinction de pouvoir.

LE DROIT AU TRAVAIL

APPLIQUÉ

AUX LOIS ORGANIQUES.

Et d'abord qu'est-ce què le droit au travail?
d'où vient-il, et où tend-il?

Voilà bientôt un an que la France et l'Europe
ont été mises en émoi par ce nouveau Pierre
l'Hermite et personne ne s'est demandé d'où il
est sorti et en quel lieu il a vu le jour.

Une idée a beau avoir l'apparence d'être pré-
conçue, elle sort toujours de la tête d'un homme.
Or, le droit au travail, loin d'être une idée précon-
çue, n'est que la conséquence d'une hypothèse qui
n'existe pas.

C'est Fourier qui a inventé le droit au travail.
Jamais mortel avant lui n'a formulé ce droit, qui
est une conséquence pure et simple du système
phalanstérien.

Sans ce système préconçu, le droit au travail
n'est qu'un non-sens, une folie. Qu'on me per-
mette de décrire en peu de lignes l'histoire et
l'origine de ce *Sésame* social.

Fourier, grand anthropologiste et aristocrate
d'esprit, a inventé une nouvelle société divisée en
séries et en groupes. Selon lui, il n'y a sur dix
mille hommes que tout au plus un doué de plus

d'un talent digne d'être le chef d'un groupe. Dans ce groupe, l'immense majorité est *mongyne*, c'est-à-dire incapable d'exceller dans plus d'un seul état. Encore faut-il que l'enfance de cet individu soit guettée, afin de pouvoir lui donner l'état de vocation que la nature lui a assigné.

Fidèle à son système classificateur, Fourier n'espère rien des hommes civilisés qui exercent des états contraires à l'attraction de leur nature, et s'attache à faire tout d'abord un essai phalanstérien avec les enfants.

Une fois ce système admis, c'est-à-dire dès que les hommes seraient élevés selon leur vocation naturelle, la société phalanstérienne leur assure du travail, et encore du travail attrayant. Seulement, pour que la nature parle par l'attraction, il faut des phalanstères, et pour établir des phalanstères,

Il faut des hommes exerçant des états, selon les lois de l'attraction.

Si quelqu'un avait parlé à Fourier du droit au travail en dehors de son système passionnel, il lui aurait ri au nez.

La majeure partie des apôtres du droit au travail se gardent bien de remonter à la source. Ils sentent bien que Fourier les aurait classés dans les groupes des pâtissiers et des bottiers, plutôt que dans ceux des poètes, des philosophes et des hommes d'État.

Tel que le droit au travail s'est formulé comme *Siboleth* social, c'est une monstruosité facétieuse, dont il n'y a pas d'exemple dans l'histoire.

Laissons de côté toutes les exagérations satiriques et voyons sur quelles bases il repose **dans**

notre société, que Fourier même ne veut transfor-
mer que par transitions et par des phalanstères
d'enfants.

On veut que l'État donne des habits à faire à
tous les mauvais tailleurs, des vers à composer à
tous les méchants poètes, ou bien qu'il nourrît
tous ceux qui, au nom du travail, ne veulent pas
travailler du tout.

Admettons cette hypothèse. Il en résulte que
l'individu nourri par l'État lui doit un compte sévère de son travail et de sa conduite. L'État ne
peut donner du travail ou l'équivalent à un homme
qui en fait un mauvais usage. Dès que le citoyen
a le droit de demander l'entretien de son exis-
tence, il est du devoir de l'État de surveiller sa
conduite et d'en faire son serf.

De prime abord, ce prodigieux droit conduit directement au despotisme et à l'esclavage ; car l'État confisquerait tous les biens des riches, il n'en serait pas moins ruiné au bout de six mois, si ceux qu'il fait travailler ne lui rapportent rien, ou sont au dessous du travail qu'on leur confie.

Ce n'est pas tout. Dans notre société, du moment que l'homme a le droit de demander le travail qui lui convient, tous les maçons demanderont à être architectes, tous les poétastres à faire des tragédies, tous les journalistes, tous les clubistes, à être ministres.

Ah ! si Fourier le savait, comme il les grouperait ! En effet, le droit au travail n'est autre chose que le mot d'ordre, une protestation impuissante des médiocrités contre le talent, des fainéants contre les travailleurs, des laiderons contre la beauté, des imbéciles contre l'esprit, des vicieux contre la vertu.

Il y a en France plus de travaux que de travailleurs. Qu'on envoie les ouvriers défricher les Landes, ils demanderont des lampions !

Aussi le droit au travail n'est-il que le communisme pur et simple. C'est le mot *Réforme* pour *République.*

Un mot sur le communisme, cette société en caque de harengs.

Dieu n'est pas communiste ; autrement il n'y aurait sur la terre ni sottise, ni méchanceté, ni ignorance, ni laideur, ni envie, ni communiste. Car il aurait créé tous les hommes égaux en beauté, esprit, talent et fortune.

Les animaux eux-mêmes repoussent le communisme. La reine des abeilles se laisse adorer. Le bourdon, vrai modèle de mari, fait l'amour et du bruit , et laisse le travail et le ménage à l'abeille. Selon Proudhon , c'est un voleur, un consommateur qui n'est pas producteur. Il n'y a que les castors qui aient des tendances communistes, attendu que la force de la queue de chacun est égale. Dieu est l'ennemi implacable de l'égalité. Il donne à celui-ci l'esprit, à celui-là la beauté et à l'autre , — le plus souvent c'est un communiste, — il ne donne rien.

Eh bien, l'Assemblée nationale qui a fait bonne justice du droit au travail, se l'applique littéralement pour les lois organiques. Encore quelques pas, et forcément elle mettra le gouvernement en communauté de neuf cents parts égales. Ni plus ni moins !

L'Assemblée nationale a été élue pour faire la Constitution. Le véritable souverain, le peuple, lui a assigné sa tâche, moyennant salaire. Cette tâche finie, l'Assemblée doit nécessairement consulter son patron, lui demander d'abord s'il est content de l'ouvrage, et en second lieu, s'il y a encore quelque chose à faire dans l'édifice politique; en d'autres termes, elle doit renouveler son mandat. Au lieu de cela, elle décrète, à elle toute seule, au nom du travail législatif, que l'ouvrage n'est pas terminé. L'édifice est bien élevé, dit-elle, mais la maison n'est pas meublée. Meublons-la, faisons les lois organiques. Puis une fois en train, elle trouve qu'il n'y a jamais assez de mobilier. Encore quelques lois organiques, et l'Assemblée sera forcée de décréter qu'elle sera permanente, sinon héréditaire.

Pourquoi pas? Où est la limite, la ligne de démarcation qui l'arrête? Pourquoi resterait-elle un an, plutôt que dix mois? Pourquoi pas deux, quatre ans; pourquoi pas à perpétuité? Du moment

que l'Assemblée se reconnaît maîtresse et souve-
raine de la France, il n'y a aucune raison pour
qu'elle s'arrête. Elle trouvera toujours un prétexte
pour siéger, et s'il le faut, un danger pour se
rendre nécessaire.

Que le diable te tienne par un cheveu, a dit le
poète, et bientôt tu seras à lui corps et âme.

Dès qu'une assemblée se regarde comme un
pouvoir au dessus de la nation, elle en sera bientôt
le despote.

De deux choses l'une : ou l'Assemblée a été
élue pour faire uniquement la constitution, ou
pour être le souverain de la France.

Dans le premier cas, elle doit se dissoudre, aus-
sitôt après l'élection du Président, qui est la clef
de voûte de cette même constitution.

Dans le second cas, elle n'aurait pas dû permettre cette élection, qui est une aliénation de sa souveraineté, une véritable abdication.

Dans tous les cas, comme il y a salaire, elle s'applique le droit au travail dans toute la force du terme.

Je la défie de sortir de ce dilemme fatal.

Encore si l'Assemblée était fouriériste, elle pourrait revendiquer ce droit. Mais, dans ce cas, on la grouperait selon ses talents natifs et passionnels.

Nous verrions alors, du moins, combien d'entre eux sont nés législateurs.

L'Assemblée est un corps politique très-fort. Mais fût-elle un Goliath, elle sera vaincue par la raison et la justice.

Goliath lui-même a été atteint et frappé par un trait de houlette, à l'endroit le plus faible de sa constitution.

Au front ; siège du cerveau et de l'intelligence.

AU PRÉSIDENT.

Demain vous serez au pouvoir; demain vous aurez des flatteurs, se disant vos amis, qui, pour mieux se montrer, vous cacheront la vérité. Je vais donc vous la dire au nom de l'immense majorité qui vous a nommé président. Un avenir prochain vous apprendra si je suis un faux ou un vrai prophète.

Depuis l'établissement de la République, la

France ressemble à une belle jeune fille, d'un cœur droit, d'un bon sens imperturbable, à la recherche d'un homme supérieur, fort et juste, qu'elle voudrait pouvoir appeler son ami et maître.

Ce n'est pas que dans le fin fond de son cœur elle ne songe à un mari légitime. Elle donnerait de gros baisers et vouerait une amitié éternelle à celui qui voudrait se charger légalement de cet honnête mariage; — mais en attendant elle se contenterait d'un ami de cœur dont elle pourrait être fier, auquel elle voudrait obéir sans manquer à sa dignité et qui, par sa valeur, sa réputation et sa grandeur d'âme, sût la faire accueillir dans la bonne compagnie, et s'écrier, en la présentant : *Honny soit qui mal y pense !*

Un instant elle a cru avoir trouvé cet homme dans M. de Lamartine. Elle lui a fait toutes les avances possibles. Mais celui-ci ne l'ayant pas comprise, elle s'est détournée de lui avec un sourire dédaigneux, murmurant une exclamation populaire.

Elle s'est présentée alors devant M. Cavaignac dont elle avait entendu parler dans les journées de Juin. Mais dès la première entrevue elle a reconnu qu'il y avait entre elle et lui incompatibilité d'humeurs.

Elle vient de se jeter à votre tête. La comprendrez-vous ? — Elle le saura d'ici à quelques jours.

L'erreur des chefs, depuis février, c'est de croire et de se faire persuader que la France est passionnément républicaine.

M. de Lamartine m'a dit que les meilleurs républicains étaient ceux du lendemain. Candeur angélique ! Il n'y a pas, il n'y a jamais eu des républicains du lendemain. Il n'y a eu qu'un lendemain de la République, et il n'était pas beau.

Pour changer les Français en républicains, il n'y avait qu'un moyen : c'était de gouverner la République comme une monarchie. La meilleure monarchie est celle où il y a des institutions républicaines. De même jamais république n'a pu s'établir et se maintenir qu'autant qu'elle fut monarchique et aristocratique par dessus tout.

M. de Lamartine n'était pas à la hauteur de cette vérité. Pour gouverner la France et se faire adopter d'elle, il s'est jeté dans les bras des républicains de la veille. Autant vaudrait se jeter dans les bras d'une lorette pour se faire aimer d'une honnête fille.

M. de Lamartine croit en outre pouvoir gouverner avec la bonté. Erreur fatale ! On ne gouverne qu'avec la justice. Toute bonté qui n'est pas basée sur la stricte justice, est faiblesse, sinon vice. Un barbare ayant fait l'éloge de son roi à un Lacédémonien, celui-ci lui répondit. « Comment voulez-vous qu'il soit bon, lui qui n'est pas sévère pour les méchants ? »

M. Cavaignac qui n'a jamais été républicain de la veille, a montré les mêmes faiblesses de caractère et de jugement. Il a jugé la France sur son enseigne républicaine ; il a regardé le vase sans voir ce qu'il y a dedans. Les républicains de la veille, ses faux amis, véritables renards sans queue sociale, lui ont fait accroire que toute la France leur ressemblait, et l'honnête M. Cavaignac, venant de l'Algérie, a cru, en effet, que tous les Français, grâce aux sorciers de février, étaient devenus en vingt-quatre heures des républicains ardents, moins toutefois la queue sociale.

En outre M. Cavaignac, dès son début, a prouvé qu'il n'était ni assez juste, ni assez indépendant pour être le chef d'une nation souverainement juste et impartiale. Tous ses actes portent le cachet, soit d'un arbitraire nerveux, soit d'un calcul de parti.

Lui et M. de Lamartine, comme tous les demi-hommes, ont cette *fausse honte* qui, selon Plutarque, est le vice capital d'un homme politique. Au lieu de juger une chose par elle-même, de se demander si elle est juste ou injuste, de l'accorder si elle est juste, de la refuser si elle est injuste, sans s'inquiéter du *qu'en dira-t-on*, ils consultent leurs amis, leurs partisans, la jugent selon l'utilité et l'opportunité, et cèdent, avant tout, aux reproches et aux exhortations de leurs compères.

Ainsi, pour ne citer qu'un exemple sur cent, M. Cavaignac, pour plaire aux vainqueurs de juin, a supprimé les journaux extrêmes de la république violente. « Ah, se disait-il, voilà les républicains qui vont m'accuser d'être réactionnaire, » et vite, sans se demander si la mesure était juste ou non, il supprime du coup la *Presse*, l'*Assemblée nationale* et la *Gazette de France*.

Dès ce moment il était jugé et condamné.

Figurez-vous un juge qui arrête un criminel. Survient un ami qui lui reproche sa partialité. « Mon Dieu non, répond le juge. Pour vous prouver que je ne l'ai pas arrêté parce qu'il est votre ami, voilà un de vos ennemis qui passe et que j'arrête également. »

Je me plais à vous citer vos prédécesseurs, parce qu'ils doivent vous servir d'exemple.

Il est plus facile de ne pas imiter un fou, que d'imiter un sage.

Je vous dirai donc d'abord ce que vous ne devez pas faire.

Avant de songer à fonder la République, la France vous a élu pour la débarrasser de la domination des républicains de la veille, qu'à tort ou à raison elle n'aime pas, non pas comme individualités, mais comme parti. Ce n'est pas très-facile. Bon nombre d'entr'eux, ce ne sont pas les plus forts, tâcheront de vous prouver que la France les adore ; que sans eux nous aurons la guerre civile. Ils vous parleront réconciliation, patriotisme, salut public ; ils se feront petits pour se cacher dans les pans de la redingote grise ; ils loueront votre ramage pour se chauffer de votre plumage... Apprenez que la moindre concession que vous leur faites comme parti, sera votre perte. Cette immense majorité que vous avez obtenue se fondra aussi vite que les dix élections de M. de Lamartine.

Vous direz que la majorité de l'Assemblée nationale est de ce parti.

Je vous répondrai : C'est justement contre cette majorité que le pays vous a élu.

Si vous n'êtes pas à la hauteur du pays, si vous n'avez pas foi dans sa volonté et dans sa force ; si, en un mot, vous n'avez pas assez de pénétration pour deviner sa pensée, vous abdiquez moralement. Le vote du 10 décembre est un acte de méfiance donné à l'Assemblée nationale. Si vous vous imaginez pouvoir faire le conciliateur, le médiateur entre le pays et la majorité de l'Assemblée, vous serez dans une étrange erreur. On ne parlemente pas avec des vaincus. Demandez plutôt à l'ombre de votre oncle. Le pays non seulement a parlé, mais encore il s'est compté. Vous êtes son plénipotentiaire pour faire signer l'acte de soumission aux républicains de la veille.

Depuis février, vous êtes le troisième. Avec vous, la majorité a fait une croix.

Vous direz qu'il vous a promis fidélité pour quatre ans.

Serment d'amour !

Il est quelquefois facile de conquérir le cœur d'un peuple, mais il est toujours difficile de le conserver.

Toutefois, en résistant aux républicains de la veille comme parti, vous pouvez, vous devez appeler et accueillir tous ceux qui ont du talent et du caractère. Gardez-vous bien de ceux qui se targuent de leurs principes. Le principe est une chose qui s'emprunte. Le dernier des imbéciles peut en prendre tant qu'il veut. Le principe est orgueilleux, et l'orgueil est l'apanage des gueux de talent et de caractère. Il ne faut jamais juger un homme sur ses principes dont il fait parade, mais sur ses idées et ses faits.

Gardez-vous surtout des bonapartistes de la veille. Le premier qui se présente, mettez-le hardiment à la porte. C'est un ennemi.

Un ami du père d'Archelaüs demanda à ce dernier une coupe d'or. Le prince en sa présence la fit porter à Euripide, son adversaire politique, en disant à cet homme : *Vous êtes fait pour la demander et pour être refusé, et Euripide pour l'obtenir sans l'avoir demandée.*

Appelez autour de vous tous les hommes politiques forts dont la capacité est reconnue. N'ayez point de fausse honte. Ne repoussez pas un homme parce qu'il déplaît à vos amis.

Ils craignent un concurrent plus fort qu'eux.

Ne vous inquiétez pas de sa couleur politique. Il vous faut des pièces d'or. Qu'importe que ce soient des louis ou des napoléons ! Vous en ferez l'échange. Ne repoussez que le faux or et le cuivre.

Ne croyez jamais les calomnies de la masse médiocre et envieuse. Jugez par vous-même. Les hommes forts ne sont adoptés par la masse qu'autant qu'ils s'imposent par leur poids et leur valeur intrinsèque.

Un homme de talent et de caractère vaut à lui seul un million de ses détracteurs ; car, ils ne le haïssent pas à cause de ses vices, qui sont aussi les leurs, mais à cause de ses vertus, qu'ils ne peuvent imiter.

Permettez-moi de vous citer ici une page admirable de Plutarque, le plus grand écrivain de l'humanité :

« Si celui qui vous sollicite avec importunité est un homme en place qui ait beaucoup de pouvoir,

— ces sortes de personnes ne se rebutent pas aisément et ne se paient point d'excuses, —imitez avec moins de dureté la conduite de Caton encore jeune à l'égard de Catulus. Celui-ci jouissait à Rome de la plus grande considération. Pendant qu'il exerçait la censure ilvint trouver Caton qui était alors questeur et lui demanda grâce en faveur d'un citoyen qu'il avait condamné à l'amende. Caton, à la fin, ne pouvant plus tenir d'impatience, lui dit : « Cet homme est coupable : quant à vous, Catulus, il serait bien honteux de voir traîner un censeur hors de chez moi par mes licteurs, et cela vous arrivera si vous ne sortez au plus vite. » La réponse d'Agésilas et celle de Thémistocle furent plus douces et plus modérées. Le père d'Agésilas voulait que son fils rendît une sentence injuste. « Mon père, lui dit le prince, vous m'avez appris dès mon enfance à respecter les lois, et je veux vous obéir encore en ne les violant point. »

Simonide demandait à Thémistocle quelque chose d'injuste. « Vous ne seriez pas un bon poëte, lui répondit celui-ci, si vous manquiez à la mesure, ni moi un bon magistrat si je jugeais contre les lois. »

« Ce n'est pas le défaut de proportion entre le manche et le corps de la lyre, disait Platon, qui brouille les amis, excite des séditions et cause de si grands maux ; ce sont les atteintes portées aux lois et à la justice. Combien de gens observent scrupuleusement les règles de la grammaire et veulent qu'on viole pour eux les lois dans les fonctions de la magistrature, dans l'administration de la justice et dans les devoirs de la vie civile. Il faut leur résister pour les petites comme pour les grandes choses. Un orateur vient-il vous demander une injustice — promettez-lui de la faire, à condition qu'il commence son discours par une faute, une mauvaise locution, ou un tour vicieux.

Il en est qui ne souffriraient pas en écrivant la rencontre de deux voyelles, et qui violeraient toutes les lois divines et humaines. Est-ce un homme distingué par sa naissance et son rang qui vous presse, proposez-lui de se montrer dans les rues en faisant des sauts, des contorsions et des grimaces. S'ils rejettent votre proposition, vous aurez beau jeu, vous leur demanderez s'il est plus honteux de pécher contre la langue et de faire une cabriole que de se parjurer, de violer les lois et de commettre une injustice, pour favoriser le méchant au préjudice de l'homme de bien et la médiocreté aux dépens du talent. »

« Puisque le pouvoir excite nécessairement l'envie, disait Thucydide, il est sage au moins de ne s'y exposer que pour de grandes choses. Pour moi, persuadé qu'il n'est pas difficile d'échapper à l'envie, mais qu'il est impossible d'éviter les plaintes et la mauvaise humeur de ceux avec qui nous vivons, je crois qu'il vaut mieux s'attirer la haine des gens importuns en refusant de leur complaire que de mériter les reproches des gens de bien pour l'avoir fait. Fermons l'oreille à des louanges qui ne sont jamais sincères et n'imitons pas ces vils animaux qui se couchent quand on les gratte. »

Je reprends :

Malheur à vous si vous avez la vaine gloriole de la popularité. *Justice*, *devoir* et *sévérité*, c'est là l'unique devise d'un chef du pouvoir. Le vrai peuple est lui-même sévère, mais juste. Il aime qu'on lui donne du travail, de l'honneur et des vérités. Quant à la populace, on en est le maître juste aussi longtemps qu'on est son esclave.

Un chef de la populace disait un jour à Phocion : « Savez-vous que le peuple vous jouera un mauvais tour s'il entre un jour en fureur? — S'il entre en fureur, répondit le grand homme; mais s'il a un accès de bon sens, c'est à vous qu'il s'en prendra. »

Quand vous aurez appelé autour de vous tous les hommes de talent et de caractère, n'importe de quelle couleur,—et ils ne sont pas de trop pour tirer la France de l'anarchie et la sauver de la banqueroute,—quand l'ordre sera rétabli, la paix assurée et le travail revenu, vous finirez par où la révolution de février aurait dû commencer.

En vous adressant à la France, et avec la ferme volonté de lui obéir, vous lui demanderez et elle vous dira par la nouvelle Assemblée nationale : *ce que tout le monde pense !*

TABLE DES MATIÈRES.

www.ingramcontent.com/pod-product-compliance
Lightning Source LLC
Chambersburg PA
CBHW071343030726
47594CB00002B/736